LEKTÜRE
HILFE

Der Geizige

Molière

LEKTÜRE
HILFE

Der Geizige

Molière

Verfasst von Florence Meurée
und Lucile Lhoste
Übersetzt von Leonie Kremer

DER
QUERLESER

MOLIÈRE

FRANZÖSISCHER BÜHNENAUTOR, SCHAUSPIELER UND THEATERDIREKTOR

- **Geboren 1622 in Paris**
- **Gestorben 1673 ebenfalls in Paris**
- **Einige seiner Werke:**
  - *Don Juan* (1665), Komödie
  - *Der eingebildete Kranke* (1673), Theaterstück, Ballett
  - *Der Bürger als Edelmann* (1670), Comédie-ballet

Molière, dessen richtiger Name Jean-Baptiste Poquelin lautet und der gleichzeitig als Autor, Theaterdirektor und Schauspieler tätig war, stammt aus einer angesehenen Familie und wurde 1622 in Paris geboren. Er begann früh, sich für das Theater zu interessieren, und gründete mit der Schauspielerin Madeleine Béjart (1618-1672) die Theatergruppe L'illustre Théâtre. Nach 12 Wanderjahren mit der Schauspieltruppe kehrte er nach Paris zurück, wo auch König Louis XIV (1638-1715) auf ihn aufmerksam wurde und ihn mit dem Schreiben von Bühnenstücken beauftragte.

Hauptsächlich schrieb er Komödien, die auf humorvolle Weise die schlechten Eigenschaften seiner Zeitgenossen, wie Arroganz, Besserwisserei und Geiz, ans Licht brachten. Darüber hinaus kritisierte er zahlreiche Aspekte der Gesellschaft des 17. Jahrhunderts: autoritäre Väter, die gespielte Frömmigkeit mancher Bürger, Quacksalber-Ärzte, etc. Molières Stücke sind auch heute noch äußerst bedeutend in der Theater- und Literaturwelt und er ist unbestreitbar einer der wichtigsten Autoren der Klassik.

DER GEIZIGE

DER GEIZIGE, MOLIÈRES TYPISCHE FIGUR

- **Textgattung:** Komödie
- **Herangezogene Ausgabe:** Jean Baptiste Molière: *Der Geizige.* Aus dem Französischen von Wolf Heinrich Graf von Baudissin. Otto Hendel: Halle a. d. S. 1887.
- **Erstausgabe:** 1668
- **Themen:** Bourgeoisie, Heirat, List, Geiz, Geld, Liebe

Der Geizige ist eine in Prosa verfasste Komödie in fünf Akten. Das erste Mal wurde sie 1668 im Pariser Théâtre du Palais-Royal aufgeführt. Die Handlung spielt in Paris und wurde von *Die Aussteuer (Aulularia)* von Plautus (lateinischer Dichter und Poet aus dem 3. Jahrhundert v. Chr.) inspiriert. Darin geht es um den Protagonisten Harpagon, einen alten Bürgerlichen, für den Geld das Wichtigste im Leben ist und der sich den Liebesbeziehungen seiner beiden Kinder Elise und Cléanthe in den Weg stellt. Die Geschwister können sich im letzten Akt überraschenderweise gegen ihren Vater durchsetzen.

Der Geizige wurde erst lange Zeit nach seiner Veröffentlichung ein großer Erfolg und gilt heute als eines von Molières meistgespielten Stücken. Harpagon ist eine der Schlüsselfigur in Molières Werken.

INHALTSANGABE

HOFFNUNGEN AUF HEIRAT

Elise und Valère lieben sich. Nachdem der junge Mann vor dem Ertrinken gerettet wurde, verließ er seine Heimat und verzichtete auf seine gesellschaftliche Position, um nah bei seiner Geliebten sein zu können. Nun arbeitet er für Elises Vater Harpagon und versucht dabei, seine Gunst zu erlangen, indem er ihm ständig Komplimente macht.

Cléanthe, Elises Bruder, ist wiederum in Marianne verliebt. Sie ist ein junges Mädchen und neu im Viertel. Außerdem ist ihre Familie nicht wohlhabend und sie muss sich um ihre kranke Mutter kümmern. Cléanthe leidet darunter, ihr seine Gefühle nicht gestehen zu können, weil sein Vater zu geizig ist, um ihm Geld für eine Hochzeit zu geben. Sollte sich sein Vater gegen die Hochzeit stellen, will Cléanthe mit Marianne verschwinden. Dafür muss er sich allerdings Geld leihen.

Harpagon ist von seinem Geld wie besessen und glaubt, dass sein Garten – wo er sein Vermögen vergraben hat – kein sicheres Versteck für seine dreißigtausend Livres ist.

Der Alte spricht das Thema bei seinen Kindern an und fragt seinen Sohn, was er von Marianne hält. Cléanthe ist auf einmal voller Hoffnung und schwärmt von ihr, doch sein Enthusiasmus weicht schnell Sprachlosigkeit, als Harpagon verkündet, sie selbst heiraten zu wollen, weil er sie mag.

Zudem will Harpagon seinen Sohn mit einer Witwe und seine Tochter mit dem reichen Herrn Anselmé verheiraten. Als Elise protestiert, beschließt er, dass die Hochzeit noch am selben Abend stattfinden soll.

Cléanthe vertraut seinem Diener La Fléche an, dass er und sein Vater die gleiche Frau heiraten wollen. Außerdem bekommt er dank Meister Simon ein Darlehen, allerdings unter schlechten Bedingungen. Die beiden Männer begegnen Harpagon und Meister Simon und realisieren, dass Harpagon Cléanthe das Geld leiht. Vater und Sohn streiten sich daraufhin und werfen sich dabei gegenseitig unverzeihliches Verhalten vor.

Frosine, eine von Harpagons Angestellten, verkündet ihm, dass er das Einverständnis zur Hochzeit von Mariannes Mutter bekommen hat und Marianne auch bei Elises Hochzeit erscheinen wird. Harpagon denkt an das Geld, das er durch diese Verbindung bekommen könnte und befürchtet jedoch, dem jungen Mädchen nicht zu gefallen. Als Frosine für diese Information Geld verlangt, wird sie entlassen.

RIVALITÄT ZWISCHEN VATER UND SOHN

Um die Ausgaben für die Hochzeit so gering wie möglich zu halten, erteilt Harpagon Anweisungen für die Organisation der Feier. Mit Unterstützung von Valère beauftragt er Jacques (zugleich Kutscher und Koch), nur wenig zu kochen. Davon ist Jacques genervt, beleidigt Valère daraufhin als Heuchler und behauptet, dass Harpagon sich zum Gespött aller mache. Die beiden Männer verprügeln ihn deshalb und er schwört, sich an ihnen zu rächen.

Als Marianne und Frosine bei Harpagon ankommen, gesteht Marianne Frosine, dass sie Cléathe liebt, Harpagon furchtbar findet und ihn deswegen auf keinen Fall heiraten will. Währenddessen verkündet Cléanthe, dass er sich nicht damit abfinden kann, dass Marianne seine Stiefmutter wird. Vor allen Gästen macht er ihr unter dem Vorwand, im Namen seines Vaters zu sprechen, eine Liebeserklärung. Ihr zu Ehren organisiert er einen Empfang im Garten und schenkt ihr einen Ring von Harpagon, was diesen wütend macht.

Die beiden wollen sich um jeden Preis verloben und suchen gemeinsam eine Lösung für ihr Problem. Das junge Mädchen zählt auf die Unterstützung ihrer Mutter und erzählt ihr alles.

Harpagon erfährt, dass Cléanthe Marianne einen Handkuss gegeben hat. Deswegen verwickelt er seinen Sohn in ein Gespräch und fragt ihn nach seiner Meinung über seine zukünftige Stiefmutter. Cléanthe sagt das Gegenteil von dem, was er wirklich denkt. Der heuchlerische Harpagon tut, als wäre er enttäuscht darüber und behauptet, dass er eigentlich seine Meinung geändert hatte und sein Sohn Marianne heiraten solle. Cléanthe beichtet ihm nun seine wahren Gefühle für das Mädchen, doch Harpagon will sie nicht mehr aufgeben. Sie streiten und Jacques' Versuche, die beiden auseinanderzubringen, bleiben erfolglos.

La Fléche stiehlt Harpagons Schatz und Cléanthes Uhr. Harpagon merkt schnell, dass seine schlimmsten Befürchtungen wahr geworden sind und will vor Gericht gehen.

DIE FINALE ENTHÜLLUNG

Harpagon verständigt den Kommissär, der den Dieb fangen soll. Jacques, dem sie zufällig begegnen, wird über den Diebstahl befragt. Er sieht darin eine gute Möglichkeit, sich endlich an Valère zu rächen und beschuldigt ihn, der Verbrecher zu sein.

Valère stößt dazu und Harpagon versucht ihm ein Geständnis zu entlocken. Seine Anschuldigungen sind aber so mehrdeutig und unpräzise, dass sich ein Missverständnis auftut: Valère denkt, dass es um seine Liebe für Elise geht und rechtfertigt sein Verhalten damit, dass Elise ein Eheversprechen unterzeichnet hat. Blind vor Wut will verflucht Harpagon Valère. Elise erklärt ihm unterdessen, dass sich die beiden kennengelernt haben, als Valère ihr das Leben gerettet hat, doch ihr Vater macht sich nur darüber lustig.

Herr Anselmé tritt auf und Harpagon erklärt ihm, dass Valère ein Verräter sei, der sich in sein Haus geschlichen habe, um sein Geld und seine Tochter zu stehlen. Valère versteht jedoch nicht einmal, welcher Verbrechen man ihn beschuldigt und behauptet, der Sohn des Adligen Don Thomas d'Alburci zu sein.

Anselmé hält ihn daraufhin für einen Betrüger, da er weiß, dass Don Thomas d'Alburci und seine Familie vor sechzehn Jahren ertrunken sind. Valère beteuert, der einzige überlebende Sohn zu sein. Vor einigen Jahren erfuhr er sogar, dass auch sein Vater überlebt hatte und machte sich daraufhin auf die Suche nach ihm.

Valères Behauptungen lassen alle verstummen. Marianne erzählt schließlich, dass sie Don Thomas d'Alburcis Tochter sei und sie und ihre Mutter den Schiffbruch ebenfalls überlebt hätten. Als Anselmé auch noch gesteht, ihr Vater, Don Thomas d'Alburci persönlich zu sein, fallen sich die drei in die Arme. Harpagon versteht die Welt nicht mehr, aber besteht darauf, sein Geld zurückzubekommen.

Cléanthe bietet seinem Vater an, ihm das Geld zu beschaffen, wenn dieser als Gegenleistung der Hochzeit mit Marianne zustimmt. Anselmé ermutigt Harpagon dazu, beiden Hochzeiten zuzustimmen, was er letztendlich auch tut, jedoch unter der Bedingung, nichts dafür zahlen zu müssen.

La Fléche stellt währenddessen die gestohlene Schatulle unauffällig auf den Tisch zurück und Harpagon ist überglücklich, sie wieder zu haben.

PERSONENANALYSE

HARPAGON

Harpagon ist ein verwitweter Bourgeois und hat zwei Kinder, Elise und Cléanthe. Alles in seinem Leben dreht sich um Geld. Nur seine Hochzeit mit Marianne ist für ihn keine wirtschaftliche Entscheidung. Harpagon strengt sich so sehr an, dem jungen Mädchen zu gefallen, dass es schon grotesk wirkt. So versucht er beispielsweise, älter auszusehen, als er ist, indem er eine Brille mit dicken Gläsern trägt, weil ihn Frosine glauben lässt, dass Marianne nur alte Männer anziehend findet. Doch selbst in der Liebe zeigt sich Harpagons besessener Charakter schnell: Die Aussicht auf eine Hochzeit mit einer einfachen Frau, die ihm keinerlei finanziellen Vorteil bringt, beunruhigt ihn.

Sein Verhalten provoziert die Feindseligkeit seiner Mitmenschen: Cléanthe und Elise streiten sich mit ihm, Frosine nimmt es ihm übel, sie nicht für ihren Verdienst als Vermittlerin bezahlt zu haben und La Fléche hat das Bedürfnis, ihn für seine geizige Art zu bestrafen („Euer Vater mit seinem Geiz könnte mir Lust machen ihn zu bestehlen, und wenn mir's glückte, würde ich glauben ein gutes Werk gethan zu haben" Zweiter Akt, erste Szene).

Darüber hinaus ist Harpagon egoistisch, kompromisslos, autoritär, jähzornig und genießt Schmeicheleien (vor allem von Frosine und Valère).

Harpagon ist außerdem einer von Molières bekanntesten Personen. Im Französischen ist der Name Harpagon eine Antonomasie („Ersetzung eines Eigennamens durch eine Benennung nach besonderen Kennzeichen oder Eigenschaften des Benannten", Duden.de), da er übersetzt auch „Geizhals" bedeutet.

CLÉANTHE

Cléanthe ist Harpagons Sohn und in Marianne verliebt. Er will sein Leben nach seinen eigenen Vorstellungen ausrichten, auch wenn sich sein Vater dem manchmal in den Weg stellt. Da er von diesem nicht finanziell unterstützt wird, versucht er sein Glück im Spiel und leiht sich Geld. Seiner Schwester gesteht er, dass er bereit ist, mit Marianne zu fliehen, wenn es nötig ist.

Als er erfährt, dass sein Vater Marianne ebenfalls heiraten will, zögert er nicht, ihm die Stirn zu bieten. Er beweist seinen Mut, indem er Marianne in Gegenwart seines Vaters seine Liebe gesteht. Deshalb ist Cléanthe die Person, die sich Harpagon am meisten entgegensetzt.

Während der gesamten Handlung unterstützt La Fléche Cléanthe, insbesondere als er Harpagons Schatulle stiehlt. Denn mit dem Diebstahl konnte Cléanthe seinen Vater erpressen und schließlich Marianne heiraten.

MARIANNE

Marianne lebt erst seit kurzem in dem Pariser Viertel, in dem sich die Handlung abspielt und wird von Cléanthe folgenderweise beschrieben:

> Ein junges Mädchen [...], [das] ganz genau dazu geschaffen scheint, jedem, der sie erblickt, Liebe einzuflößen. Nie hat die Natur etwas Reizenderes hervorgebracht und ich war vom ersten Augenblick an bezaubert von ihrer Schönheit. [...] Alles, was sie thut, ist anmutig, jeder Bewegung leiht sie einen neuen Reiz, und zeigt eine so liebenswürdige Sanftmut, eine so unwiderstehliche Güte, eine so entzückende Sittsamkeit [...]. (Erster Akt, zweite Szene).

Das junge Mädchen führt ein bescheidenes Leben und kümmert sich um ihre kranke Mutter. Ihre wahre Identität wird erst im letzten Akt gelüftet: Die beiden Frauen sind Tochter und Ehefrau von Don Thomas d'Alburci. Sie überlebten den Schiffsbruch sechzehn Jahre zuvor, wurden aber zunächst von Piraten als Sklaven gehalten. Als sie eines Tages befreit wurden, kehrten sie in ihre Heimatstadt Neapel zurück, wo allerdings nichts mehr von ihrem Vermögen übrig war. Deshalb zogen sie nach Paris.

Marianne liebt Cléanthe und will Harpagon unter keinen Umständen heiraten. Die Verliebten haben das Gefühl, in einer Sackgasse angelangt zu sein, doch nach und nach lösen sich ihre Probleme. Zunächst erlaubt Mariannes Mutter ihr, sich ihren zukünftigen Ehemann selbst auszuwählen. Zusätzlich ist auch Herr Anselmé, der sich als ihr Vater herausstellt, mit ihrer Beziehung einverstanden. Schließlich bleibt Harpagon sich selbst und seinem Geiz treu und lässt sie gehen, um an seine Schatulle zu kommen.

VALÈRE

Valère ist Mariannes Bruder und Anselmés Sohn. Er ist ein geborener d'Alburci, allerdings glaubt er, seine gesamte Familie bei einem Schiffsunglück vor sechzehn Jahren verloren zu haben. Nach dem Schiffsbruch wurde er von dem Kapitän eines spanischen Schiffs aufgenommen und großgezogen. Eines Tages rettet er Elise vor dem Ertrinken und arbeitete von da an für Harpagon, um ihr nah zu sein. In der letzten Szene erfährt er, dass sowohl seine Mutter als auch seine Schwester noch am Leben sind.

Der junge Mann strengt sich stets an, um seine Ziele zu erreichen. So arbeitet er nicht nur für Harpagon, sondern lässt nichts unversucht, um seine Gunst zu erlangen. Er schmeichelt ihm unentwegt und stimmt ihm in allem, was er sagt zu, nur damit Harpagon der Hochzeit mit seiner Tochter zustimmt. Zudem drängt er sogar Elise dazu, sich genauso zu verhalten und sich den Entscheidungen ihres Vaters zu fügen, damit dieser der Beziehung wohlwollender gegenübersteht. Seine Pläne werden durch Jaques' Beschuldigungen gegen ihn aufgedeckt. In dem

Glauben, seine Liebe für Elise sei nicht mehr geheim, verrät er, dass diese ein Eheversprechen unterschrieben habe. Danach hat er die rettende Idee, seine adlige Herkunft zu offenbaren, was zur Auflösung des Stücks führt. Marianne und Anselmé zeigen ihre wahre Identität und Valère erreicht sein Ziel, Elise zu heiraten.

ELISE

Elise ist Harpagons Tochter und in Valère verliebt, seit er sie vor dem Ertrinken gerettet hat. Die Beziehung mit ihrem Bruder ist sehr eng, da sie seine Vertraute ist und die beiden solidarisch gegenüber Harpagon zusammenhalten.

Elise beweist Mut, als sie sich traut, Harpagon zu sagen, dass sie den Herrn Anselmé nicht heiraten will. Ihr Auflehnen hat jedoch nur zur Folge, dass Harpagon verwirrt ist und sie daraufhin noch am gleichen Tag verheiraten will. Trotzdem ist sie entschlossen, sich dem Willen ihres Vaters nicht zu beugen und unterschreibt das Eheversprechen mit Valère. Ihre Probleme werden mit Anselmés Erscheinen und dem Dénouement gelöst.

ANSELMÉ

Anselmé ist der Mann, mit dem Harpagon seine Tochter verheiraten will, in der Hoffnung Gewinn aus dieser Bindung herauszuschlagen. Dass er reich ist, keine Kinder aus erster Ehe hat und insbesondere Elise ohne Mitgift zur Frau nehmen will, machen ihn zum perfekten Schwiegersohn.

Der Herr tritt erst am Ende des Stücks auf und repräsentiert ein *Deus ex machina* (plötzlich auftretende Person oder Ereignis, die in einer ausweglosen oder tragischen Situation ein überraschendes Dénouement auslöst). Durch sein Auftreten endet die Geschichte für das junge Paar glücklich. Die Aufdeckung seiner wahren Identität stellt eine große Überraschung dar. Anselmé ist nämlich in Wirklichkeit Don Thomas d'Alburci. Er glaubte, der einzig Überlebende nach dem Schiffunglück zu sein und aus Angst um sein Leben verkaufte er seinen gesamten Besitz in Neapel, wechselte seine Identität und begann ein neues Leben in Frankreich.

Nachdem er seine Familie wiedergefunden hat, ist er überglücklich und kommt für die Hochzeiten seiner beiden Kinder auf.

INTERPRETATION

COMMEDIA DELL'ARTE UND DIE LAZZI

Die Commedia dell'arte ist ein italienisches Theatergenre aus dem 16. Jahrhundert. Ihr Merkmal ist die Improvisation, die den Schauspielern künstlerischen Freiraum lässt. Die Handlung des Spiels basiert auf einer Grundlage, nach der sich die Komiker richten. Diese spielen häufig eine Person, die bestimmte Charaktereigenschaften besitzt und die zu den wiederkehrenden Themen passt. Ein Beispiel hierfür wäre der Bedienstete der die Kleidung seines Meisters anzieht, so tut, als würde er ihn nicht erkennen oder sich über ihn lustig macht, ohne dass dieser es merkt. Weitere Themen sind Verlangen, das mit vorgetäuschten lustvollen Blicken und Gesten verkörpert wird oder die Angst, die sich in Stücken wie *Scapins Streiche* zwar sukzessiv steigert, aber insgesamt einen komischen Effekt hat.

In der Commedia dell'arte treten außerdem besondere Komiker, die sogenannten Lazzi, auf. Sie sind auf verbale, paraverbale und pantomimische Weise lustig. Dabei sind sie von der Handlung unabhängig und können theoretisch zu jedem beliebigen Zeitpunkt auftreten.

Bei Molière findet man genau solche Personen. So ist Harpagon ein perfektes Beispiel für den geizigen alten Mann, der sich in eine Jungfrau verliebt, was eine Reihe komischer Situationen zur Folge hat. Das Auftreten von Lazzi, die nur rein komischen Zwecken dienen, bringt den Leser bzw. Zuschauer durch ihre Karikatur zum Lachen. Zum Beispiel stammt die Szene, in der Cleánthe Marianne Harpagons Ring schenkt, von der Commedia dell'arte *Les maisons déva-lisée* (1667). Darin schenkt der Bauer Scapin der schönen, jungen Flaminia, um die sich der junge Mann und der Greis streiten, Schmuck von Panatolon, der Flaminia aus falschen Gründen begehrt.

GELD UND LIEBE ALS TREIBENDE KRÄFTE DER HANDLUNG

Der Geizige handelt von einem Konflikt zwischen Harpagon und zwei jungen Paaren. Das, was sie voneinander unterscheidet, stellt gleichzeitig jeweils die Motivation hinter ihren Taten dar. Während Harpagons Entscheidungen von seinem Geiz angetrieben werden, handeln Cléanthe, Marianne, Valère und Elise immer aus Liebe.

Der Name „Harpagon" ist nicht zufällig gewählt, denn das lateinische Wort *harpago* bedeutet so viel wie „gierig". Der Protagonist des Stücks ist deshalb dafür bestimmt, dass jede seiner Handlungen von seinem Geiz angetrieben wird:

- Er möchte so viel sparen wie möglich. Deshalb trägt er nur alte Kleidung, füttert seine Pferde nicht ausreichend, gibt seinen Kindern kein Geld (Cléanthe beschwert sich: „[...] [K]ann man sich etwas Grausameres denken als die harte Sparsamkeit, die man gegen uns ausübt, und die unerhörte Dürftigkeit, in der wir schmachten müssen?" (Erster Akt, zweite Szene)), weigert sich, seiner Tochter eine schöne Hochzeit auszurichten und er bleibt kalt, als Frosine ihn um eine Belohnung für ihre Arbeit bittet.

- Zudem sucht er stets nach neuen Möglichkeiten, um Geld zu verdienen. So gewährt er Meister Simon das Darlehen nur, weil der Zinssatz hoch ist und er freut sich, dass seine Tochter den reichen Anselmé heiraten soll.
- Außerdem ist er angsterfüllt und paranoid, weil er befürchtet, bestohlen zu werden. Aus diesem Grund schaut er oft im Garten nach, ob sein vergrabenes Geld noch da ist. Er ist gegenüber jedem misstrauisch: Bevor La Fléche nach Hause gehen darf, wird er jeden Tag durchgesucht, er beschuldigt seinen eigenen Sohn, ihm Geld gestohlen zu haben und verdächtigt jeden Bewohner der Stadt, der Dieb seiner Schatulle zu sein.

Die Beharrlichkeit, mit der Molière den Geiz seiner Hauptfigur in *Der Geizige* darstellt, macht aus dem Stück eine Charakterkomödie (Komödie, bei der der Autor das Verhalten und die Schwächen der Menschen kritisiert). Wie auch schon in anderen Werken (*Tartuffe oder der Betrüger*, *Der Menschenfeind*, *Der eingebildete Kranke* etc.) porträtiert der Bühnenautor einen Menschen, dessen Laster fatale Konsequenzen für sein Umfeld haben. Diese Tatsache beeinflusst das Schreiben, vor allem aber das verwendete Vokabular. Das Wortfeld rund um „Geld" findet sich vermehrt in Harpagons wörtlicher Rede wieder (Darlehen, Livres, Mitgift, Kosten etc.).

Das Werk ist ebenfalls ein Konversationsstück, bzw. Gesellschaftsstück, eine gesellschaftliche Satire der Bourgeoisie des 17. Jahrhunderts. Als Bürgerlicher steht Harpagon dem adligen Anselmé entgegen, der wiederum gerne Geld für das Glück seiner Kinder ausgibt.

Im Kontrast zu Harpagons Verhalten steht das der vier jungen Leute, die ausschließlich von Liebe geleitet werden.

- Cléanthe plant, mit Marianne zu fliehen und im Gegensatz zu seinem Vater hilft er dem Mädchen gerne auch finanziell:

> Denke nur, Schwester, welche Freude es sein müßte, die Lage eines geliebten Wesens zu verbessern, auf seine Weise dem bescheidnen Bedarf einer tugendhaften Familie zu Hilfe zu kommen [...] (Erster Akt, zweite Szene).

- Marianne kann ihre Mutter von ihrer ersten Wahl für die Hochzeit ihrer Tochter abbringen.
- Elise widersetzt sich der väterlichen Autorität und unterzeichnet das Eheversprechen mit Valère.
- Aus Liebe zu Elise nimmt Valère eine Stelle bei ihrem Vater an, obwohl diese nicht seinem Stand entspricht, und schmeichelt ihm unentwegt.

Obwohl dieses Verhalten im 17. Jahrhundert als Verstoß gegen die gängigen Sitten galt, entwickelt das Publikum keine Ablehnung gegen die vier Hauptpersonen, da sie die Gegenspieler eines geizigen und unsympathischen Charakters sind und das Brechen der Regeln somit gerechtfertigt wird.

EINE KOMÖDIE MIT DRAMATISCHEM HINTERGRUND

Formen der Komik

Obwohl *Der Geizige* von einem eigentlich traurigen Thema handelt – nämlich wie ein Vater seine Familie tyrannisiert – ist das Stück eine Komödie. Um mit seinem Werk die Zuschauer zum Lachen zu bringen, verwendete Molière verschiedene Formen der Komik, die es im Theater gibt:

- **Die Komik der Charaktere**, basierend auf der Persönlichkeit des Protagonisten. Molière stellt Harpagons Fehler übertrieben dar, sodass es manchmal schon einer Karikatur gleicht und er dadurch lachhaft wirkt (z.B. die Beharrlichkeit mit der er La Fléche durchsucht, bevor er ihn verabschiedet, Akt 1, Szene 3).

- **Der Situationskomik**: Diese wird auf verschiedene Weise in dem Stück umgesetzt, beispielsweise durch Qui pro quo (ein Missverständnis, eine Sache oder eine Person für eine andere zu halten). Dies ist der Fall, als Valère denkt, Harpagon würde ihn beschuldigen, ihm Elise weggenommen zu haben, obwohl es eigentlich um seine Schatulle geht:

> Valère: Alle meine Wünsche haben sich darauf beschränkt, mich an ihrem Anblick zu weiden, und nichts Strafbares hat die Leidenschaft entweiht, die ihre schönen Augen in mir entzündet haben. Harpagon: Die schönen Augen meiner Schatulle? – Er spricht weiß Gott von ihr, wie ein Liebhaber von seiner Geliebten! (Fünfter Akt, dritte Szene).

- **Komik durch Gesten**, im Zusammenspiel mit Gesichtsausdrücken (z.B. Harpagons dümmlicher Anschein, als er Marianne trifft, Akt 3, Szene 5), Stürze (Harpagon wird von einem seiner Bediensteten umgestoßen, Akt 3, Szene 9) oder auch Prügelstrafen unter den Personen (Valère schlägt Jacques mit einem Stock, Akt 3, Szene 2).

- **Wortkomik**, vor allem in Form von Wortspielen. La Fléche macht sich zum Beispiel über Harpagons Geiz lustig: „vor dem Wort Geben hat er solchen Abscheu, daß er nie sagt: Ich gebe Euch mein Wort, sondern ich verpfände Euch mein Wort." (Zweiter Akt, fünfte Szene).

Ein dramatisches Thema

Als Molière *Der Geizige* zum ersten Mal aufführen ließ, war sein Leben sehr einfach. Seine vorherige Komödie, *Tartuffe oder der Betrüger*, zog den Unwillen einflussreicher Gläubiger auf sich, die sein Stück mehrmals verbieten ließen. Seine Bemühungen, es letztendlich spielen zu können, dauerten jahrelang. Unter anderem hatte er gesundheitliche Probleme, wodurch ihm seine Zukunft ungewiss erschien.

Daher stellt sich die Frage, ob Molières persönliche und gesundheitliche Schwierigkeiten Auswirkungen auf sein Verständnis von Komik und Theater hatten. *Der Geizige* charakterisiert sich vor allem durch einige sehr negative Aspekte. Das Stück zeigt einen tyrannischen und egoistischen Protagonisten dessen ganzes Denken von Geld beherrscht wird, sodass er das Wichtigste im Leben nicht wahrnimmt. Daher bekommt er nicht einmal mit, dass sein Sohn Marianne liebt, die junge Frau, die er selbst heiraten will. Zudem willigt er sogar ein, seine Tochter mit einem alten Mann zu verheiraten, unter anderem aus dem Grund, dass dieser nicht auf eine Mitgift besteht.

Harpagon: Solch eine Gelegenheit muß man beim Schopf fassen. Es wird mir hier ein Vorteil geboten, den ich anderswo nie wieder finden würde; er verpflichtet sich, sie ohne Mitgift zu nehmen.
Valère: Ohne Mitgift?
Harpagon: Ja.
Valère: Ah, dann sage ich nichts mehr. Ja, seht, das entscheidet ohne weiteres; da muß man die Segel streichen   .
Harpagon: Das ist für mich eine große Ersparnis.
Valère: Natürlich; dagegen ist nicht zu streiten. Freilich könnte Eure Tochter Euch vorstellen, daß die Heirat für sie eine hochwichtige Sache ist; daß sich's um das Glück oder Unglück

> ihres ganzen Lebens handelt; und daß eine
> Verbindung, die nur der Tod trennen kann, mit
> der größten Vorsicht geschlossen werden muß.
> Harpagon: Ohne Mitgift!
> (Erster Akt, siebte Szene).

Das Geld, das der Ursprung diverser komischer Situationen ist, bringt in den Menschen ihre besten und schlimmsten Eigenschaften gleichermaßen zum Vorschein. Geld ist ebenfalls der Grund, warum Harpagon seine Kinder mit Sprösslingen adeliger Familien verheiraten will.

Doch die Komik ist per se auch mit einer negativen Thematik verbunden, denn Geiz bleibt ein Laster, von dem sich Harpagon nicht losreißen kann. Die Komödie hat also einen bitteren Beigeschmack.

DER GEIZIGE – EIN GUTES BEISPIEL FÜR INTERTEXTUALITÄT

Für die Zusammensetzung seines Stücks orientierte sich Molière an verschiedenen Quellen:

- Größtenteils inspirierte er sich an Plautus' *Die Aussteuer (Aulularia)*, eine Komödie, die ca. 200 v. Chr. geschrieben wurde. Die Struktur dieses antiken Stücks wurde in *Der Geizige* aufgenommen. In *Die Aussteuer* findet der alte Mann Euclion einen Kessel voller Gold. Seine Befürchtung, dass ihm der Kessel geklaut wird, tritt schließlich ein. Molière übernimmt auch andere Szenen von Plautus, wie in Harpagons' berühmtem Monolog (Akt 4, Szene 7). Diese Referenz zum lateinischen Theater und die Imitation älterer Menschen war zu Molières Zeit weitverbreitet.

- Die Idee vom Vater, der nur auf seinen eigenen Vorteil bedacht ist, findet sich schon in *La Belle Plaideuse* (1655) von Boisrobert (französischer Dichter, 1592-1662) wieder.

- Er übernimmt außerdem einige Elemente aus *Die Untergeschobenen* von Ariosto (italienischer Schriftsteller und Dichter, 1592-1662). In diesem Stück stellt sich der junge Held ebenfalls in den Dienst des Vaters seiner Angebeteten. Außerdem handelt das Werk auch von dem Konflikt zweier Hausangestellten (hier Jaques) und letzten Endes findet der junge Mann seinen Vater wieder und erlangt seinen sozialen Status zurück.

Luigi Riccoboni, ein italinienischer Komödiant und Schriftsteller des 18. Jahrhunderts behauptet diesbezüglich, dass man in *Der Geizige* nicht mal vier Szenen finden würde, die tatsächlich von Molière sind. Diese Aussage schmälert Molières Erfolg jedoch nicht, sondern zeigt im Gegenteil sein großes Talent, aus verschiedenen Quellen ein neues Werk zu schaffen.

ZUM NACHDENKEN

FRAGEN ZUR VERTIEFUNG

- In *Der Geizige* werden die Laster eines Mannes parodiert. Betrachte hierzu die Urteile der anderen Personen über Harpagon und das Dénouement des Stücks. Denkst Du, dass Molière mit seinem Stück eine Moral zum Thema Geiz äußern wollte?
- Jean-Jacques Rousseau, berühmter Schriftsteller und Philosoph des 18. Jahrhunderts, betrachtete *Der Geizige* kritisch:

> Es ist ein großes Laster, geizig zu sein [...], aber ist es ist es nicht noch schlimmer, wenn ein Sohn seinen Vater bestiehlt und ihm keinen Respekt zollt [...]? [...] Wenn man gute Unterhaltung liefert, ist man für den Inhalt dann weniger verantwortlich? Wird in dem Stück nicht eine falsche Moral vermittelt, wenn man dazu gebracht wird, diesen Sohn zu mögen?[1]

---

1. Übersetzt für derQuerleser.de

- Stimmst Du dieser Aussage zu? Begründe Deine Antwort.
- Inwiefern geht es in dem Stück um die Verschleierung eines Geheimnisses? Welche Folgen hat diese Verheimlichung?
- Für sein Stück orientierte sich Molière einerseits an anderen Werken, aber andererseits an wahren Begebenheiten aus seinem Leben. Welchen Grund hat das deiner Meinung nach?
- Balzac, Autor des Realismus im 19. Jahrhundert, erklärte, dass Molière mit Harpagon eine geizige Figur geschaffen habe, sowie Balzac selbst mit dem Vater Grandet in seinem Werk *Eugénie Grandet* (1834). Wenn man Harpagon und den Vater Grandet vergleicht, kann man davon ausgehen, dass sich Balzac bei seinem Charakter an *Der Geizige* orientierte? Denkst Du, dass die beiden Autoren die gleichen Absichten verfolgten?
- Kann man *Der Geizige* als „düstere Komödie" bezeichnen?
- Wodurch bringt Molière die Zuschauer und Leser seines Stücks zum Lachen? Erörtere Deine Antwort anhand von Textstellen.
- Findest Du das generelle Bild von Harpagon und die Tatsache, dass er sich verliebt, widersprüchlich? Begründe Deine Antwort.

- Molières Stück wurde mehrfach verfilmt, zum Beispiel 2006 von Christian de Chalonge. Welche sind die signifikanten Unterschiede (in Bezug auf den Inhalt der Geschichte, den Aufbau, die schauspielerische Leistung etc.) zwischen Theater und Film?

Deine Meinung ist uns wichtig!
Hinterlasse doch einen Kommentar auf der Seite
unser Online-Buchhandlung
und teile Deine Favoriten in den sozialen
Netzwerken!

DARÜBER HINAUS

HERANGEZOGENE AUSGABE

- Jean Baptiste Molière: *Der Geizige*. Aus dem Französischen von Wolf Heinrich Graf von Baudissin. Otto Hendel: Halle a. d. S. 1887.

SEKUNDÄRLITERATUR

- Barbier, Hans D.: „Warum ist Geiz keine Sünde?" (5.4.2008). In: *Frankfurter Allgemeine Online*. https://www.faz.net/aktuell/wirtschaft/erklaer-mir-die-welt-95-warum-ist-geiz-keine-suende-1549328.html (21.12.2018).

- Eberle, Katrin: *Plautus' „Aulularia" in Frankreich*. Gunther Narr: Tübingen 2006.

- DUDEN: „Antonomasie". https://www.duden.de/rechtschreibung/Antonomasie (21.12.2019).

- Hösle, Johannes: *Molière. Sein Leben, sein Werk, seine Zeit*. Piper: München 1992.

- Küchler, Walther: *Molière*. Teubner: Leipzig 1929.

VERFILMUNG

- *Louis, der Geizkragen*. Film von Louis de Funès und Jean Girault, mit Louis de Funès in der Hauptrolle. Frankreich 1980.

- *L'avare*. Film von Christian de Chalonge, mit Michel Serrault, Jackie Berroyer und Nada Strancar. Frankreich 2006.

MEHR AUF DERQUERLESER.DE

- Boursoit, Johanne; Biehler, Johanna: Der eingebildete Kranke von Molière (Lektürehilfe). Detaillierte Zusammenfassung, Personenanalyse und Interpretation. Aus dem Französischen von Miriam Traub. Plurilingua Publishing: Brüssel 2018.

- Schneider, Marie-Charlotte; Lhoste, Lucile: *Der Menschenfeind von Molière (Lektürehilfe). Detaillierte Zusammenfassung, Personenanalyse und Interpretation*. Aus dem Französischen von Mareike Lobeck. Plurilingua Publishing: Brüssel 2019.

Die präsentierten Inhalte werden vom Herausgeber
überprüft, dennoch übernimmt dieser keine Haftung
für die inhaltliche Richtigkeit, Vollständigkeit und
Aktualität der vorgestellten Inhalte.

www.derQuerleser.de

ISBN digitale Ausgabe: 9782808012164

ISBN gedruckte Ausgabe: 9782808012171

Pflichtexemplar: D/2018/12603/356

Cover: © Plurilingua

Logo: © Graphicrepublic (Freepik.com) und
Plurilingua

In Zusammenarbeit mit Lucile Lhoste für die Kapitel
„Commedia dell'arte und die Lazzi" und „Eine
Komödie mit dramatischem Hintergrund".

Digitale Aufbereitung: Primento, der digitale Partner
der Herausgeber